PARIS SAUVÉ,

OU

LA CONSPIRATION MANQUÉE,

DRAME NATIONAL,

EN TROIS ACTES ET EN PROSE,

PAR M. GABIOT.

Représenté pour la première fois, à Paris, sur le Théâtre de l'Ambigu Comique le 10 Février 1790.

Prix 1 liv. 10 sols.

A PARIS,

Chez CAILLEAU & FILS, Libraires-Imprimeur, rue Galande, N°. 64.

1790.

PERSONNAGES.

LE DAUPHIN.
MAILLARD.
RICHARD.
GABRIELLE.
MARCEL.
ROBERT.
LE ROI DE NAVARRE.
CONJURÉS.
SOLDATS DES DEUX PARTIS.
SUITE DU DAUPHIN.

La Scène se passe à Paris.

AVIS
AUX
AUTEURS DRAMATIQUES.

LES circonstances qui ont précédé la représentation de *Paris sauvé*, & ma propre délicatesse, me font une loi de le livrer à l'impression ; quoique, peut-être, il ne méritât pas cet honneur. M. Suard m'a accusé d'avoir pris la Tragédie de M. Sedaine. Comme cette derniere est imprimée, je fais aussi imprimer ma Pièce, afin que l'on puisse les comparer. Mais si, comme il est vrai, cette imputation est calomnieuse, toute la honte, tout l'odieux de la délation retombera sur M. Suard ; & c'est une peine qu'il aura méritée.

Mais quand ce premier motif n'existeroit pas, je dois au Public, qui a honoré ce foible Ouvrage de l'intérêt le plus vif & le plus flateur ; je dois, dis-je, au Public, en reconnoissance, l'explication des moyens que l'on

Reliure serrée

vouloit employer pour en retarder, & peut-être en empêcher la représentation. C'est une dette sacrée que je m'empresse d'acquitter envers lui.

Ma Pièce, comme chacun le sait, est tirée de l'Histoire de France, sous le règne du Roi Jean, fait prisonnier à la Bataille de Poitiers. Tous les événemens de la Révolution actuelle m'ont paru s'adapter si naturellement à ce sujet, que je l'ai traité avec chaleur & sans délai. Des Etats-Généraux assemblés, un projet de livrer Paris au Roi de Navarre, formé par Marcel, Prévôt des Marchands, découvert & renversé par Maillard, premier Echevin; enfin, le Dauphin, depuis Charles V, surnommé le Sage, réunissant les vertus qui caractérisent notre Roi; voilà ce qui m'a séduit & inspiré.

Mon Ouvrage fini, je l'ai donné aux Directeurs de l'Ambigu-Comique, qui l'ont accueilli, fait distribuer, répéter; & de suite ont commandé le décore & les habits. Je l'avois intitulé: *Paris sauvé*; & je le portai à la censure de M. Suard. Pendant ce tems on alloit toujours en avant, dans l'intime & raisonnable persuasion qu'il ne s'éléveroit aucun obstacle.

Tout-à-coup le sieur Audinot reçoit une lettre de M. Sedaine. La premiere phrase étoit conçue en ces termes: *C'est, Monsieur, avec surprise que j'apprends de M. Suard, que vous allez donner sur votre Théâtre ma Tragédie de* PARIS SAUVÉ *arrangée à votre manière, &c.*

C'est ici que commence la conduite honnête & loyale de M. Suard. Au lieu de censurer mon Ouvrage, unique but de sa commission, il le dénonce secrètement à M. Sedaine, Académicien comme lui.

C'est au public, juste & délicat, à juger si M. Suard s'est renfermé dans les bornes de sa place, en allant provoquer clandestinement une réclamation que M. Sedaine ne faisoit point, & qu'il n'avoit pas même le droit de faire. N'a-t-il pas compromis la confiance publique en donnant à une personne, même de son intimité, connoissance d'un manuscrit, dont il n'avoit reçu que le dépôt? Les abus les plus graves ne peuvent-ils pas résulter de cette conduite? Sans parler des chagrins qu'elle m'a donnés à moi-même, ne pourroit-il pas arriver que toute autre personne, à qui M. Suard donneroit semblable connoissance, fût capable de s'emparer de l'Ouvrage, & d'en faire son profit. Si ces idées sont justes, & fondées sur l'honnêteté des mœurs & des procédés, que

a ij

le Public juge M. Suard, qui a été un dépositaire infidèle.

Pour éviter la honte de ce nom, & servir en même tems son ami M. Sedaine, qu'avoit-il à faire ? Censurer ma Pièce & la renvoyer à M. le Maire, avec des observations qui n'auroient pas été un arrêt arbitraire & despotique. M. Sedaine & moi aurions plaidé nos droits; M. le Maire eût jugé; & M. Suard n'auroit fait que son devoir.

Cette conduite est si bien celle que M. Suard devoit tenir, qu'il la met en pratique lui-même, quand il ne trouve pas un Académicien à servir. En voici un exemple; cette Cause est absolument la mienne; le Jugement de M. le Maire n'eût pas été, & ne pouvoit être différent, car c'eût été juger contradictoirement dans la même Cause.

On soumit dernièrement à la censure de M. Suard le programme d'une Pantomime intitulée : *Comminge*. Tout le monde connoît ce Roman, & le Drame de M. Arnauld-Baculard, qui a été annoncé sur les affiches de la Comédie Françaises; il doit être joué à la Comédie Françaises, & M. Suard le sait bien. Il ne s'est cependant pas permis d'aller dénoncer l'Ouvrage à M. Arnauld, ni de refuser sa censure; elle est en date du 29 Janvier 1790. Il l'a accompagnée d'une observation, comme j'en demandois une ; je la transcris mot pour mot ; parce que j'ai l'original dans mes mains.

Observation de M. Suard.

« Le sujet de cette Pantomime est absolu-
» ment le même que le Roman du Comte
» de Comminge. Il est traité d'une maniere
» décente. Quant à la convenance de repré-
» senter, sur *un Théâtre des Boulevards*, ce
» qui a pu se passer dans la Maison des PP.
» de la Trappe, c'est à la sagesse de M. le
» Maire à en décider. Je crois du moins qu'en
» permettant la représentation de cette Pan-
» tomime, il seroit convenable *de prescrire*
» au Directeur de l'Ambigu-Comique de ne
» point donner aux Acteurs le costume connu
» des Religieux de la Trappe, ni d'aucun
» autre Ordre Religieux. *Signé*, Suard. »

Voilà du moins des raisons. Du moins le Censeur a lu & donné son avis ! Je n'ai pas été si heureux. Il n'a même pas voulu me lire ; & il a décidé que j'avois pris la Tragédie de M. Sedaine. Comment donc a-t-il pu faire ? Dès long-tems on est convenu de ne plus croire aux sorciers.

Sentiment de M. Duport du Tertre.

« Je pense qu'il n'y a pas la moindre diffi-

» culté à permettre la repréſentation de cette
» Pantomime. Le ſujet étoit à tout le monde;
» & je crois que l'Auteur de la Pantomime
» l'a mieux ſaiſi que celui de la Pièce parlée,
» préciſément parce qu'il ne fait point parler
» des Trapiſtes. *Qui veut, & qui le peut*, a
» le droit de s'emparer & de traiter à ſa ma-
» nière un ſujet d'Hiſtoire ou de Roman. Tel
» eſt au moins mon avis, je m'en réfère au
» reſte à la prudence de M. le Maire.
» *Signé*, DUPORT DU TERTRE. »

Chaque mot de cet avis, eſt un titre pour moi, puiſque M. le Maire l'a approuvé confirmé.

Déciſion de M. le Maire.

« Puiſque M. Duport du Tertre y con
» ſent, je permets auſſi la repréſentation.
» *Signé*, BAILLY. »

Voilà du moins une marche juridique, o' même les convenances ſociales ſont obſer vées. Pourquoi M. Suard a-t-il cru pouvoi s'en diſpenſer avec moi? mais il ne s'eſt pa borné là; c'eût été trop peu pour lui; *il m'a accuſé d'avoir pris la Tragédie de M. Sedaine.* Cette inculpation eſt ſi grave, ſi peu digne d'un homme délicat, que par-tout j'élèverai la voix contre lui. Mais, encore une fois comment a-t-il pu affirmer une pareille chose ? Il n'a pas lu ma Pièce ; & la preuve qu'il ne l'a pas lue, c'est que ma Pièce n'est pas la Tragédie de M. Sedaine.

Cependant à cette imputation comment ai-je répondu ? en homme sûr de son innocence. J'ai été trouver M. Sedaine, & lui ai donné communication de mon manuscrit, avant même qu'il ne la demandât. Je le lui ai laissé 24 heures, & il l'a si bien épluché, qu'il a marqué avec un trait de crayon, *jusqu'à des mots isolés*, qui se trouvoient, *par hazard*, dans sa Pièce & dans la mienne. Malgré ce très-sévère examen, M. Sedaine lui-même n'a pas pu dire que j'avois pris sa Pièce. Et par ma conduite, il avoit bien dû d'abord le présumer. Car, si j'avois eu la premiere impudence de lui faire le larcin de son Ouvrage, certainement je n'aurois pas eu la seconde de lui communiquer effrontément le mien. De ma part, c'eût été porter la démence jusqu'au dernier période, de présumer qu'un Auteur, comme M. Sedaine, ne reconnoîtroit pas sa production.

Aussi toutes ses observations ont porté sur le titre de *Paris sauvé*. Pour le conserver je pouvois alléguer que le titre de *Louis XII* & de *Henri IV* sont sur les affiches de tous les Spectacles ; que le nom d'*Epiménide* est à la fois sur celles *du Théâtre de la Nation*, & *du Théâtre de Monsieur*; enfin, que de tout tems il fut permis de traiter le même sujet, plusieurs fois, & sous le même titre, tel que *Sémiramis, Médée, Coriolan, Régulus, &c*. Mais j'ai cédé à M. Sedaine, & lui ai offert d'intituler ma Pièce *la Conspiration manquée*.

J'ai poussé plus loin le scrupule. J'ai même ôté de ma Pièce quelques tournures oratoires, très-différentes d'expressions, mais *qu'il jugeoit* conformes par le sens. Je me suis exécuté avec un sévérité que M. Sedaine lui-même n'avoit point exigée. Il a relu encore une fois mon manuscrit, me l'a rendu le 2 Février, & il ne m'a point encore dit que c'étoit sa Tragédie.

Il est vrai qu'il s'est bien étendu sur le tort que je ferois à son Ouvrage s'il n'étoit joué que le second ; que, dans ce cas, les Comédiens ne voudroient peut-être plus le jouer; qu'ils interviendroient même, pour empêcher la représentation du mien. A toutes ces raisons, je fis des réponses qui déterminèrent enfin M. Sedaine à me dire, en présence d'un de ses amis, qui étoit dans son cabinet, *que si M. Suard vouloit me rendre ma Pièce,* (il étoit bien sûr que M. Suard ne le voudroit pas,) *il ne s'y opposoit plus*. Ainsi la volonté de M. Suard devenoit un Arrêt arbitraire par lequel je devois être immolé. Je demandai cette réponse par écrit, M. Sedaine répliqua *qu'il verroit M. Suard le lendemain à l'Académie, & qu'il le lui diroit.*

Plein de confiance dans cette parole, je me retirai : mais auparavant, en présence même de M. Sedaine, son ami me demanda ce que cet ouvrage me vaudroit, il ajouta que si je voulois consentir à attendre que la Tragédie de M. Sedaine, fût jouée, *il ne seroit pas impossible que l'on me dédommageât de cette complaisance ;* & tout en reconduisant cet ami de M. Sedaine, depuis le péristile de la rue du Coq, jusqu'à celui de la Colonnade, il me répéta les mêmes discours, & me pressa vivement d'engager les Directeurs à agréer ce délai, *qui n'étoit qu'un petit délai de trois mois.*

Le jeudi 4 février, j'allai deux fois chez M. Suard, chercher ma Pièce censurée ; *M. Suard étoit sorti* ; le vendredi 5, j'y retournai, *M. Suard étoit couché* : & je fus obligé d'attendre son lever, une heure, dans la rue, de peur qu'il ne m'échappât ; enfin, après cette grosse heure de faction, à dix heures du matin il fait jour chez

M. Suard; je monte, & il me dit que M. Sedaine a retiré sa parole, & qu'il ne censurera pas ma pièce: l'unique raison que j'aie pu en tirer, c'est *que j'ai eu le malheur de traiter le même sujet que M. Sedaine; qu'il doit être joué à la Comédie Françoise, & moi à l'Ambigu-comique, que pour ce Théâtre on ne devroit pas traiter de pareils sujets, & qu'enfin je ne serois joué qu'après M. Sedaine.*

Il est aisé de voir que cette réponse étoit concertée entre les deux Académiciens, & que l'esprit de partialité l'a dicté. Je ne ferai pas remarquer avec trop d'amertume, combien indécemment j'ai été joué & promené. A ma confiance, à mon honnêteté on n'a répondu que par des menées secrettes, dont le but étoit d'éloigner la représentation de ma Pièce, & de m'ôter le courage de la poursuivre avec constance. Je ne m'enorgueillis pas non plus de la prétendue rivalité que M. Sedaine a bien voulu mettre entre un Académicien, & un auteur de l'Ambigu-Comique; la vérité dans mon cœur est l'antidote de l'amour-propre. Les craintes que M. Sedaine a affectées, en disant que mon ouvrage pouvoit nuire à l'effet du sien, bien loin de me flatter, ne m'ont paru qu'épigrammatiques contre un littérateur inconnu audehors d'un Théâtre, où il ne travaille que pour son plaisir & ses amis.

Mais puisque M. Sedaine a bien voulu descendre *de son fauteuil* & s'asseoir sur le *même tabouret*, c'est-à-dire traiter d'auteur à auteur; voici comment, dans un mémoire que j'ai mis sous les yeux de M. le Maire, & que je lui ai présenté, accompagné du Président & de deux Commissaires du District des PP. Nazareth, j'ai discuté ainsi le seul point auquel se réduisoit le fond de la question.

» Parce que j'ai traité le même sujet
» que M. Sedaine, a-t'il le droit de dire
» que je lui ai pris son sujet ?
» A cela je réponds : l'histoire est une
» source publique où chacun a le droit
» de puiser. Les uns y boivent à plein-
» verre, comme M. Sedaine; d'autres dans
» le creux de la main, comme moi; mais
» on a beau y boire, la source ne se
» tarit pas. Les personnages de cette même
» histoire appartiennent à tout le monde;
» tout le monde, d'après le caractère
» qu'elle leur donne peut les faire agir &
» parler à sa manière. Quand le plan de
» l'ouvrage est différent, que les situations
» n'en sont pas les mêmes; que l'ordre des

» scènes ne se ressemble non plus que le
» stile & les pensées, ce ne fut jamais-là
» prendre le sujet de quelqu'un. M. Sedaine
» n'a pas inventé le sien, il n'a point
» créé ses personnages, il les a trouvés
» dans l'histoire, & moi aussi; son intrigue
» n'est point la même; ses interlocuteurs
» ont d'autres intérêts qui les font mou-
» voir & discourir; donc, je n'ai pas pris
» son sujet. *Il l'a puisé* dans l'histoire de
» France, moi de même; j'en avois le
» droit comme lui, & tous les Ecrivains
» possibles en ont aussi la liberté.

» Ce point ainsi établi, M. Sedaine
» a-t-il le droit d'empêcher que mon
» ouvrage, qui est tout prêt, soit joué
» avant le sien, qui ne le sera que dans
» trois mois?

» Je ne crois pas qu'il existe de loi
» que M. Sedaine puisse invoquer pour
» appuyer cette injuste prétention.

» D'abord, 1°. j'en appelle à sa parole
» même; s'il affirme publiquement ne
» m'avoir pas dit dans son cabinet, devant
» un de ses amis, *que si M. Suard*
» *vouloit me rendre ma pièce, il ne s'y*
» *opposoit plus*, je passe condamnation;
» mais s'il ne peut en disconvenir, comme
» en galant homme il n'en disconviendra

» pas, c'est donc à la seule mauvaise
» volonté de M. Suard que j'aurai l'obli-
» gation d'un délai qui me fait crueile-
» ment souffrir.

» Mais quel droit a M. Suard d'être
» plus rigide que M. Sedaine, que seul
» je dois connoître? Pourquoi prend-il
» les intérêts de son confrère Académicien,
» plus que ce confrère Académicien ne
» paroissoit l'exiger ? Pourquoi même,
» jusqu'à présent, a-t'il retenu mon ouvrage,
» & provoqué une réclamation mal fondée,
» qu'il n'auroit pas même eu le droit
« de faire pour lui ? Cette conduite ne
» lui fera pas honneur parmi les gens de
» lettres, qui peuvent & doivent la regar-
» der comme une inquisition littéraire,
» aussi ennemie de la bonne-foi, que de
» la liberté d'écrire & de penser.

» 2°. La Tragédie de M. Sedaine n'a
» point été annoncée au Public, donc
» j'ignorois si les obstacles qui l'ont cons-
» tamment écartée de la scène Françoise,
» sont enfin levés, & si l'on se dispose à
» s'en occuper ; si les deux ouvrages étoient
» destinés au même Théâtre, le premier
» reçu, devoit, sans aucun doute, avoir
» la priorité ; mais à deux Théâtres différens
» *& si différens*, la place doit appartenir
» au premier occupant.

» 3°. Et c'est par où je terminois mon
» Mémoire, il me sera permis sans doute
» de parler un peu pour moi. Parce que
» M. Sedaine & M. Suard se seroient entendus
» ensemble, pour m'écarter de la petite
» scène où j'allois être joué; parce que ma
» Pièce ne peut l'être qu'après que ce
» dernier l'aura censurée, & qu'il aura
» promis à son ami de n'en rien faire,
» dois-je craindre que M. le Maire con-
» sente à ce que je sois si injustement lésé?
» Non, M. le Maire est juste. Comme
» Citoyen, je suis égal à M. Sedaine;
» comme auteur, mes droits sont aussi
» sacrés que les siens. Je ne lui ai rien
» pris; il m'a promis de se départir d'une
» réclamation, que M. Suard seul lui a
» fait faire, sur un rapport calomnieux, &
» à laquelle, sans lui, il n'eût peut-être
» jamais songé. Je reclame donc mon
» droit & la parole de M. Sedaine; &
» j'espère que M. le Maire me permettra
» de faire représenter, sans délai, ma Pièce
» qui est toute prête, & qui n'est point
» la Tragédie de M. Sedaine. »

Ce Mémoire a eu l'effet que j'avois droit d'en attendre. M. Dufour, Secrétaire de la Mairie, l'a examiné; a pris communication de mon manuscrit avec la plus grande célérité; n'y a rien trouvé qui eût rapport à la Tragédie de M. Sedaine; & son suffrage a déterminé la permission dont M. le Maire l'a revêtu sur le champ.

Je devois ce détail au Public, pour le remercier de l'intérêt dont il m'a honoré, & des applaudissemens dont il a bien voulu récompenser les efforts que j'ai faits pour lui plaire dans ce dernier ouvrage; mais je dois lui dire aussi que le jour de la représentation, *qu'il a exigée*, s'il eût voulu me permettre d'aller à l'Hôtel de la Mairie, comme je l'en priois, pendant qu'on auroit joué les deux premières Pièces; j'aurois trouvé mon ouvrage tout censuré; & que l'approbation de M. le Maire, avoit prévenu le vœu du Public. Ainsi cette représentation eût été à l'abri de tout reproche; & j'aurois pleinement joui d'un succès qui ne me paroît point trop chèrement acheté, puisque j'ai pu encore une fois témoigner au Public ma reconnoissance de toutes les bontés qu'il me prodigue depuis long tems.

Avant de finir, il me reste encore un avertissement à donner à ceux qui auroient besoin de faire censurer quelqu'ouvrage. O mes confrères! profitez de ce qui m'est arrivé, pour vous épargner les angoisses, les tracasseries, les inquiétudes que j'ai éprouvées. Ne portez plus vos ouvrages à la censure de M. Suard; de deux choses, l'une : ou il vous fera faire courses sur courses, pendant lesquelles vous parlerez moins souvent au Maître qu'au Portier; mais ce n'est point un mal, parce que d'après le ton de l'un & de l'autre, le Portier mériteroit d'occuper la chambre du Maître ; ou bien, sur le titre d'une Pièce, il la croira d'un de ses confrères Académiciens, il les ira solliciter lui-même à faire des réclamations, voudra vous écraser sous le joug de l'Aristocratie littéraire, & s'il ne trouve personne par qui il puisse faire faire ces réclamations, il lardera votre Pièce d'observations, qui, si elles étoient suivies, vous priveroient du fruit de vos travaux & de vos veilles. A ce dernier trait, on doit être convaincu que les ouvrages d'esprit ont beaucoup moins coûté à M. Suard, qu'ils ne lui ont valu ; parce qu'un Littérateur qui connoît la difficulté de son art, a beaucoup plus de respect pour les Artistes.

F I N.

PARIS

PARIS SAUVÉ,

OU

LA CONSPIRATION MANQUÉE,

DRAME NATIONAL.

ACTE PREMIER.

(*Le Théâtre représente la grande Salle de l'Hôtel-de-Ville. Un Trône est destiné au Dauphin qui doit y venir tenir un Lit de Justice. Autour, & des deux côtés du Trône, sont rangés des Tabourets destinés aux personnes en place de la Cour*).

SCENE PREMIERE.

MARCEL, ROBERT.

ROBERT.

ARRÊTONS-nous ici, Marcel. A peine les premiers rayons du jour éclairent l'horison, nous seuls

A

PARIS SAUVÉ,

peut-être sommes éveillés dans Paris.... Le silence & le lieu sont favorables à notre entretien.

MARCEL.

J'en conviens avec vous, Robert.

ROBERT.

C'est donc aujourd'hui que le Dauphin vient à l'Hôtel-de-Ville ?

MARCEL.

Oui : Maillard lui-même prit soin de me l'apprendre hier.

ROBERT.

C'est donc aujourd'hui que ce même Maillard va s'élever sur les débris des honneurs de Marcel ; que ce premier Echevin insolent & farouche va remplir les fonctions de Marcel, Prévôt des Marchands ; & ajouter à sa gloire & à votre honte, en demandant pour vous un pardon que vous l'avez vous-même prié d'implorer.

MARCEL.

Un pardon ! je n'en ai pas besoin.

ROBERT.

Et pourquoi donc le charger de faire votre paix avec le Dauphin ?

MARCEL.

Pour les tromper tous deux. Depuis la funeste Bataille de Poitiers, qui coûta la liberté à notre Roi ; où une armée Françoise de quatre-vingt-mille hommes, fut vaincue par huit mille Anglois conduits par le Prince de Galle, par le héros qu'immortalisa la journée de Crécy, le Dauphin, en l'absence de son père, s'est emparé des rênes du Gouvernement.

ROBERT.

Je le sais ; mais c'est un Prince sans énergie, sans vigueur....

MARCEL.

Vous le connoissez mal. Nous n'avons point de meilleur Juge qu'un Ennemi ; je suis le sien, & croyez que ce que vous nommez en lui timidité, foiblesse, n'est au contraire que sagesse & prudence ; il prépare de beaux jours à la France, & il sera surnommé le sage par ses peuples qu'il aura rendus heureux.

ROBERT.

Et Maillard, quel intérêt avez-vous à le ménager ?

MARCEL.

Celui de ne pas heurter de front l'opinion publique qui parle hautement en sa faveur. Les États-Généraux, assemblés par le Dauphin, l'ont élu pour chef. De ce poste d'honneur, il a été appellé unanimement à ma place de Prévôt des Marchands que ma disgrace a rendue vacante. Inflexible & rigide, mais juste ; sensible, humain, mais ferme ; l'estime qu'il me temoignera me rendra la confiance des Parisiens, relévera l'espoir de nos conjurés, & fera le succès de notre entreprise.

ROBERT.

Ainsi donc ta conduite qui déjà nous allarmoit !...

MARCEL.

C'est le chef-d'œuvre de l'artifice & de la politique. Le Dauphin est vertueux, Maillard un honnête homme ; ils tomberont dans le piége que je leur prépare & qu'ils auront eu la grandeur d'ame de ne point soupçonner ; voilà, mon ami, voilà comment un conspirateur habile doit mettre à profit les vertus de ceux qu'il veut renverser.

ROBERT.

Je vous reconnois, Marcel, & désormais je suis tranquille. Mais, dites-moi, pourquoi ce long silence du Roi de Navarre ? Pourquoi même a-t-il fui de la Cour avant la prison du Roi ?

MARCEL.

Eh quoi ! vous l'ignorez quand tout Paris en frémit encore ? Charles d'Evreux que ses crimes ont fait surnommer *Le Mauvais*, au milieu des fêtes de son mariage qui le rendoit le gendre de notre Roi, & jaloux du Connétable Charles d'Espagne, l'a fait lâchement assassiner, & publiquement n'a pas rougi de s'en vanter. Pour éviter le châtiment dû à cet odieux attentat, il s'est retiré à Avignon, d'où ce n'est qu'avec prudence qu'il m'envoie de ses nouvelles.

ROBERT.

Et c'est sur la tête du Roi de Navarre que vous voulez faire tomber la couronne des François ?

MARCEL.

M'en préserve le Ciel ! Si un bon Roi est un présent de sa bonté, Charles-le-Mauvais est bien un Roi qu'il a créé dans sa colère. Vous pensez comme moi, Robert, mais gardons-nous bien d'en convenir devant nos amis. Faisons du Roi de Navarre le vengeur de nos haines particulières ; & quand nous serons satisfaits, nous pourrons, soit par le retour du Roi, soit en couronnant son fils, briser sans peine l'instrument odieux que nous aurons employé. Voilà l'usage qu'il faut faire d'un méchant : voilà la récompense que d'autres méchans eux-mê-

DRAME NATIONAL.

mes doivent réserver à ses services! Mais qu'entends-je?.. On s'approche à pas mesurés... Aurions-nous été écoutés?.. Serions-nous trahis?.. Que vois-je? A Paris, dans la Grande Salle de l'Hôtel-de-Ville, le Roi de Navarre!

SCENE II.

LES PRÉCÉDENS, LE ROI DE NAVARRE.

LE ROI DE NAVARRE.

Lui-même! Prévôt des Marchands, je viens de votre maison: on m'a dit que vous aviez pris le chemin de l'Hôtel-de-Ville, & je vous y ai suivi.

MARCEL.

Quoi! Seigneur, vous n'avez pas craint?...

LE ROI DE NAVARRE.

Au jour naissant, & sous l'habit d'un simple Navarrois, qui pouvoit me reconnoître? Hier, à l'entrée de la nuit, je suis arrivé dans Paris; mon travestissement a trompé tous les yeux, & je me fie à ma fortune; trop long-tems éloigné de vous, brûlant de vous voir, de vous parler, de vous témoigner toute ma reconnoissance, j'accours & je brave tous les dangers. Eh bien! Marcel, mon ami, votre projet, l'espérance que vous m'avez donnée de me livrer Paris, à quel point faut-il que j'y compte? Votre parti, qui est le nôtre, est-il nombreux? Sont-ils braves, intrépides, prêts à tout tenter, & à mériter mon estime & les bienfaits que mes mains libérales s'apprêtent à répandre sur eux ?

MARCEL.

Après moi, vous voyez leur chef, le plus zélé de vos amis.

LE ROI DE NAVARRE.

C'est le brave Robert ! Depuis longtems je le connois ; & il avoit déjà mon estime, avant que j'eusse besoin du secours de son bras.

ROBERT.

Avoir été distingué du Roi de Navarre, c'est un honneur !..

LE ROI DE NAVARRE.

Que l'amitié nous unisse, les honneurs auront leur tour. Je n'aurai qu'à me louer de vous, & personne n'aura à se plaindre de moi.

MARCEL.

Ce sont les discours dont j'enflamme la valeur de vos amis, & aujourd'hui même vous en verrez l'effet.

LE ROI DE NAVARRE.

Aujourd'hui ?

MARCEL.

Oui, Seigneur, tout est résolu, tout est prêt ! Aujourd'hui même, à minuit sonnant, je vous livre la porte Saint-Antoine.

LE ROI DE NAVARRE.

Et Maillard ?

MARCEL.

Sera trompé. Il est de garde à la porte Saint-Jacques, & vous serez maître de Paris, avant que le bruit de votre arrivée soit seulement parvenu jusqu'à lui.

LE ROI DE NAVARRE.
Comment ! Par quels moyens ?
MARCEL.
Seigneur, c'est mon secret !
LE ROI DE NAVARRE.
Mais, dans la défiance que notre intimité a fait naître sur votre compte, comment pourrez-vous disposer de ce poste important ?
MARCEL.
Seigneur, laissez-moi le choix des moyens, & contentez-vous du succès dont je vous réponds. Revenez-vous bien accompagné ?
LE ROI DE NAVARRE.
Six mille Navarrois déterminés & que j'ai dispersés par troupes, sont arrivés hier, pendant la nuit. Cachés dans l'obscurité d'une forêt voisine, ils n'attendent que le signal & ma présence.
MARCEL.
Il suffit. Cette Armée, jointe aux nombreux partisans que je vous ai gagnés dans Paris, ne peut manquer de vous assurer une réussite entière.
LE ROI DE NAVARRE.
Mais encore, achevez de m'instruire; le moindre contretems peut renverser les mesures les mieux concertées.
MARCEL.
Vous le voulez absolument, Seigneur ?
LE ROI DE NAVARRE.
Oui: tranquille sur ce point, j'agirai plus librement & sans crainte.
MARCEL.
Le jour commence à devenir plus brillant; quel-

qu'un pourroit venir ; Robert, observez de votre côté, moi du mien, & prenez garde de nous laisser surprendre.

SCENE III.

LE ROI DE NAVARRE, *seul.*

Voila deux traîtres bien dangereux ! Après le succès, ils seront mes premières victimes. François, ils sont parjures envers leur Roi, envers le fils de leur Maître ; pourquoi me seroient-ils plus fidèles ? La mort ! voilà la reconnoissance que je leur dois : je profiterai de la perfidie, c'est mon intérêt ; mais je ferai verser le sang des perfides, & ce sera justice.

SCENE IV.

LE ROI DE NAVARRE. MARCEL.

MARCEL.

Personne ne vient ; le silence le plus profond règne encore dans l'Hôtel-de-Ville, & nous pouvons parler sans danger.

LE ROI DE NAVARRE.

Je vous écoute : mais pourquoi cet appareil que le jour naissant me fait appercevoir ? Ce Trône, ces Trophées ?..

MARCEL.

Sont préparés pour le Dauphin. Il vient ici, ce matin, tenir un Lit de Justice en l'absence du Roi.

LE ROI DE NAVARRE.

A quel sujet ?

MARCEL.

C'est l'ouvrage de Maillard. Aux tems de troubles si favorables à nos projets, Maillard a fait succéder des jours de concorde & de paix. Le calme est rétabli; les Etats-Généraux travaillent librement & sans relâche au bonheur du Peuple, à la restauration de la France. On ne voit plus porter dans Paris de ces chaperons qui étoient la marque à laquelle nous pouvions nous reconnoître : enfin c'est pour faire renaître par-tout la confiance dans ses promesses, que le Dauphin vient à l'Hôtel-de-Ville apporter des paroles de clémence & de paix, & prononcer une amnistie générale. Maillard fait plus; il me fait moi-même aujourd'hui rentrer en grace avec le Dauphin; mais entre un Maître offensé, & un Citoyen qui brûle de tous les feux de la vengeance, il n'est point de Traité, je le sens. Charles prononcera le mot de *pardon*, son cœur en sera loin ; je fléchirai les genoux devant lui, c'est une humiliation que j'aurai de plus à venger; en un mot, ce sera une réconciliation où nous mettrons tous deux l'apparence de la bonne-foi, mais dont personne ne sera la dupe.

SCENE V.

Les Précédents, ROBERT.

ROBERT.

Seigneur, il est tems de vous éloigner, Maillard vient, & déjà il monte le perron de l'Hôtel-de-Ville.

MARCEL.

Robert, je vous confie la personne du Roi de Navarre. A travers les détours du sombre corridor qui touche à cette salle, faites-le sortir sans bruit, & conduisez le à mon Hôtel. J'irai bientôt vous y rejoindre, Seigneur, & vous détailler tout ce que j'ai fait pour vous. (*ils sortent*).

SCENE VI.

MAILLARD, MARCEL.

MARCEL.

Il étoit tems, voilà Maillard.

MAILLARD.

Quel est ce Navarrois qui sort si mystérieusement d'avec vous, Marcel ?

MARCEL, *d'un ton gêné*.

C'est un homme avec lequel j'avois quelques

DRAME NATIONAL.

affaires à terminer ; il n'a plus qu'aujourd'hui à rester, & comme je suis sorti de bonne heure pour venir vous attendre ici, on me l'a envoyé, & il repart.

MAILLARD.
C'est que tout Navarrois m'est suspect.

MARCEL.
Parlant avec moi ?

MAILLARD.
Ne peut-il pas vous tromper ?

MARCEL.
Ne le craignez plus ; mes yeux se sont ouverts ; j'ai vu le précipice où j'allois tomber, & ce funeste souvenir suffit pour me défendre de nouvelles erreurs.

MAILLARD.
J'aime à vous croire.

MARCEL.
Auriez-vous quelques soupçons ; je vais rappeller cet Etranger, vous le verrez, vous l'interrogerez-vous-même.

MAILLARD.
Je m'en rapporte à vous. Soupçonner un crime, est un suplice trop cruel pour une âme honnête.

MARCEL.
A cette délicatesse je reconnois Maillard, mon protecteur....

MAILLARD.
Que parles-tu de protecteur ? ce mot est une offense ! le nom d'ami, voilà celui que j'accepte. Mais Marcel, dis-moi bien sincèrement que tu es mon ami ; dis-moi que je tiens la main d'un Prévôt des Marchands fidèle à son Roi, à sa Patrie, tel

que tu fus toujours avant ces jours de deuil, de révolte & de carnage. Dis-moi que cette main ne s'armera plus que du glaive de la justice, au-lieu du poignard de la trahison ; enfin dis-moi que tu es pour jamais l'homme que mon cœur se fait un plaisir & un besoin d'aimer.

MARCEL.

Oui, Maillard, je le suis, & je jure....

MAILLARD.

Ne jure pas, Marcel ! laisse les sermens à ceux qui veulent tromper ! donne ta parole à ton ami, & Maillard n'a plus d'allarmes.

MARCEL.

Je te la donne.

MAILLARD.

Tu viens de me délivrer d'un pesant fardeau. Tiens, Marcel, puisque nos cœurs sont désormais ouverts l'un pour l'autre ; lis dans le mien. Je suis né confiant.

MARCEL.

Je le sais : celui qui se défie de tout, est souvent un homme dont il faut toujours se défier.

MAILLARD.

Mais dans ces tems de troubles & d'allarmes, où mille partis cachés se divisent, se croisent & ne se rejoignent que pour menacer la Patrie, trop de confiance dans ma place seroit un crime, si le peuple en devenoit la victime. Dans les États-Généraux à Paris rassemblés, le Tiers-État, autrefois esclave, est devenu l'égal de la Noblesse & du Clergé. J'aime à croire leur réunion sincère ; mais elle peut ne pas l'être. Les François en devenant libres sont devenus Citoyens ; mais l'on a exigé de grands sacrifices, & ces sacrifices peuvent laisser des regrets, des regrets on peut passer au murmure, & du murmure à la révolte il n'est souvent qu'un pas. Les feux de la sédition sont par tout éteints, mais la cendre fume encore ; unissons-nous, Marcel, pour en étouffer sous nos pieds la dernière étincelle ; & qu'en te voyant la France puisse dire : *Voilà Marcel ! il s'égara un moment ; mais c'est à son repentir que les François doivent leur bonheur & la liberté.*

MARCEL.

Ton patriotisme passe dans mon âme, & l'échauffe d'un nouvelle ardeur.

MAILLARD.

Courage, Marcel ! Voici le moment de déployer le génie dont le ciel t'a doué pour la félicité de ton pays ! on t'a desservi auprès du Dauphin, les circonstances t'ont entraîné, On m'a revêtu de ta place, mais sois tranquille ; le Dauphin va venir, il m'honore de sa confiance, je parlerai, il te rendra la sienne, tu rentreras dans tes honneurs, tu reprendras les rênes de l'Administration qui ne durent jamais sortir de tes mains ; & mon triomphe sera de voir que mon ami lui seul est meilleur Citoyen que Maillard.

MARCEL.

Je ferai tout pour t'imiter, & ma gloire sera ton ouvrage.

MAILLARD.

Mais tu ne croirois pas un rapport qui m'a été fait, & qu'il ne faut pas négliger.

MARCEL.

Quel est-il ? parle.

MAILLARD.

C'est qu'hier, avec la nuit, le Roi de Navarre est entré dans Paris, sans suite, sans pompe & vétu comme un simple Navarrois. On parle de Soldats arrivés par diverses routes, par pelotons & cachés dans les environs de Paris. Ce bruit peut être infidèle ; mais peut-être il est vrai. Que me conseilles-tu ?

MARCEL.

De le vérifier avec soin. Cependant si tu m'en crois, tu n'allarmeras personne. Les soins de ta place vont t'occuper ; pendant que tu vas recevoir & accompagner le Dauphin, je me charge de remonter à la source de ce récit, & s'il mérite quelque croyance, nous prendrons ensemble toutes les mesures nécessaires pour rendre inutile ce complot.

MAILLARD.

Je me fie à toi ! Que peuvent maintenant nos ennemis secrets, j'ai rendu Marcel à la France.

SCÈNE VII.

Les Précédens, GABRIELLE, RICHARD.

GABRIELLE, *qui a entendu les dernières paroles de Maillard.*

Ah ! mon père, quel bonheur ! Voilà le plus beau, le plus doux des jours de votre fille !

RICHARD.

Ah ! Marcel ! que je vais être fier du nom de votre gendre !

MAILLARD.

Vois, mon ami, combien d'heureux tu fais en un moment ! N'est-ce pas la plus douce récompense qu'un bon Citoyen puisse retirer d'avoir fait son devoir !

MARCEL.

Oui, Maillard, oui, je le sens, & j'en conviens.

MAILLARD.

Eh bien, écoute : tant que tu fus dans les sentiers de l'erreur, je fis taire dans le cœur de Richard, de mon unique fils, la tendresse qui l'entraînoit vers la charmante Gabrielle ; maintenant, pour prouver que la France peut compter sur l'ami de Maillard, unissons nos enfans. Ce mariage, auquel j'aurai consenti, sera le garant de ton retour à la vertu & le signal de la confiance & du bonheur pour tous les amis de la Patrie.

RICHARD.

Quelle délicieuse & noble idée ! Ah ! mon père ! que de reconoissance ! Marcel quand daignerez-vous me nommer votre fils & l'époux de l'objet vertueux que j'adore !

MARCEL.

Eh bien ! demain ! je vous en donne ma parole.

GABRIELLE.

Ah ! mon cher Richard, il m'est donc permis de vous dire en présence de nos pères combien ce mariage va me rendre heureuse !

RICHARD.

Je vous l'avoue ; vivre séparé de ma Gabrielle étoit un supplice pour moi ; mais savoir votre père à la tête de nos ennemis, voilà ce qui déchiroit mon âme ; & le moyen de doubler mon bonheur étoit de recevoir votre main d'un vrai Citoyen, d'un bon François !

MAILLARD.

L'entens-tu Marcel ? voilà comme tous nos enfans pensent ! Quelle honte ! s'ils valoient mieux que leurs pères ! Mais qu'entens-je ? Richard, va voir.

RICHARD.

C'est le Dauphin qui arrive ; digne fils de nos Rois, il vient à l'Hôtel de ville, sans gardes : ce sont les corps & les cœurs d'un peuple immense de François qui lui servent de rempart & de défense.

MAILLARD.

Restez-là ; je cours le recevoir.

SCENE VIII.

LES PRÉCÉDENS, ROBERT. *Il entre brusquement & parle à Marcel dans le fond du Théâtre.*

RICHARD *voyant Robert.*

NE vois-je pas Robert, mon rival & l'ami de ton père ?

GABRIELLE.

Rassure-toi, Richard, il ne fut jamais un moment dangereux pour toi.

RICHARD.

DRAME NATIONAL.

RICHARD.

Vois avec quelle émotion il lui parle ! la colère brille dans ses yeux ! mais il perd l'espérance de t'obtenir, & d'après ce que cette crainte m'a fait souffrir, je sens combien il doit être à plaindre.

ROBERT, *à Marcel.*

En un mot j'ai exécuté tous vos ordres.

MARCEL.

Il suffit ; maintenant je suis tranquille.

ROBERT.

Le Dauphin entre.

MARCEL.

Richard, reste à côté de ma fille. Toi, Robert, viens près de moi.

SCÈNE IX.

LES PRÉCÉDENS, LE DAUPHIN.

(*Marche sur laquelle le Dauphin paroît. Les Gardes de l'Hôtel-de-Ville bordent les deux côtés de la Salle*).

LE DAUPHIN *sur son Trône.*

CITOYENS & François, vous connoissez, comme moi, les maux de l'État ; c'est à votre prudence à en trouver les remèdes, & à votre zèle à les employer promptement. Mon père, fait prisonnier dans les champs de Poitiers, vous parle par la bouche de l'héritier de son Trône. Edouard,

B

Prince magnanime, fait les plus généreux efforts pour lui faire oublier les chaînes dont ses mains sont chargées ; c'est à vous seuls de les briser ; mais il n'y a pas un moment à perdre. Je ne rappellerai point les malheurs qu'a fait pleuvoir sur la France l'absence de son Roi. Nos calamités viennent des circonstances, & non du cœur des François. Mais puisque l'esprit de concorde & de soumission aux Loix est rentré & germe de jour en jour dans toutes les ames, la fertilité va renaître dans les Campagnes, la tranquilité dans les Villes, la sûreté dans le Royaume, la facilité dans le commerce, & l'abondance, fille de la paix, va répandre sur nous tous ses tréfors. Tirons donc un rideau sur le passé ; je consens à oublier ces jours ténébreux, où séduits par un esprit de vertige, qui tient encore à de vieilles erreurs, des François ont pu oublier un moment la gloire de leur nom ; qu'ils restent ensevelis dans une ombre éternelle ! Amnistie générale ! Au nom de mon père je fais grâce, & ne crains pas que le Dauphin soit désapprouvé par le Roi.

MAILLARD.

C'est la clémence qui rend les Monarques l'image de la Divinité ; ô mon Prince, puisque c'en est aujourd'hui le jour, daignez permettre que je l'implore le premier pour le François qui en est le plus digne. Il s'égara sans-doute, mais il se repent. Ses lumières, la sagesse de son administration vous sont connues, son amour pour le bien public a paru dans les fortifications qu'il a fait construire pour la sûreté de Paris. Cet Hôtel de Ville même, où nous avons l'honneur de vous recevoir, fut acquis & donné à la Ville par lui-même. Par les services qu'il a rendus, mon Prince, on doit juger de ceux qu'il peut rendre encore. En un mot, je croirai n'avoir plus rien à craindre pour la France & pour votre auguste personne, si je peux aujourd'hui vous rendre Marcel.

LE DAUPHIN.

Au portrait que vous en avez fait, Maillard, je l'ai soudain reconnu; je n'ai rien à vous refuser. Venez, approchez, Marcel. Dans cet embrassement, je vous rends mon estime & ma confiance, & quoique Maillard soit pour moi votre plus sûr garant, j'aime mieux vous devoir à vous-même qu'à ses prières.

MARCEL.

Je n'oublirai jamais ce discours de mon Prince, ni la reconnoissance que je dois à Maillard.

MAILLARD.

Eh bien, puisque la grace est prononcée, souffrez, mon Prince, que je rende à mon ami sa place & ses honneurs.

LE DAUPHIN.

J'y consens avec plaisir.

MAILLARD.

Viens, Marcel! reprends ton rang! je ne m'y étais assis que pour te le conserver pur & sans tache. A la fin je jouis! j'ai reconquis un grand homme à la France & à mon Roi! Jusqu'à présent j'ai cru pouvoir le disputer à tout François en patriotisme ; mais je me consolerai d'être vaincu, si je le suis par mon ami.

LE DAUPHIN.

Que ce moment est doux pour mon cœur!

ce moment où je vois deux François s'unir pour devenir les deux plus fermes colonnes du Trône de leur Souverain ! Si mon père en étoit témoin, il oublieroit ses fers & sa captivité. Et quel Roi ne chériroit pas un malheur qui lui fait trouver deux amis ! François ! je bénis ce jour ; mais écoutez : vainement les États-Généraux travailleront pour vous, si vous détruisez leur ouvrage. La Nation assemblée vous dicte ses oracles : je n'ai pu en la rassemblant faire évanouir cette distinction d'ordres & de rangs, qui occupant les individus de leurs prétentions respectives, leur fait oublier l'intérêt général ; mais le zèle du bien public domine dans l'Assemblée & cela me suffit. Un jour viendra, peut-être, où les François plus éclairés connoîtront les droits de l'homme & leurs limites, & jouiront d'une sage liberté qui ne dégénérera point en licence. Alors, sans-doute, on verra sur le Trône un Roi-Citoyen, plus jaloux du bonheur de ses peuples que d'une autorité despotique, ne rien épargner pour mériter le titre de *père des François, & Roi d'un peuple libre*. C'est alors que la Nation assemblée devroit renouveller la cérémonie auguste de l'inauguration de ses Rois. Cérémonie mille fois plus touchante encore ! Pharamond & ses successeurs n'ont été jusqu'à ce jour que des Rois de France ; mais ce Monarque heureux, élevé sur un parvis nouveau, serait inauguré premier Roi des François!

MAILLARD.

Cet augure flatteur, mon Prince, devroit vous mériter cette gloire immortelle.

LE DAUPHIN.

Je la vois dans l'avenir, & mon cœur vraiment François en jouit d'avance. Mais je suis attendu aux États. Citoyens, je ne vous quitte à l'Hôtel de Ville, que pour vous retrouver à l'Assemblée de vos Représentans. (*Il sort dans le même ordre qu'il est venu.*)

SCENE X.

MARCEL, ROBERT, *restés seuls.*

ROBERT.

VOILA maintenant Marcel rentré en grâce ! Il doit son pardon à Maillard ! nous n'avons plus désormais qu'à tomber à ses genoux & lui demander la vie.

MARCEL.

Que tu me connois mal, si tu crois que cette réconciliation ait changé mon cœur. Je hais Maillard, je crains le Dauphin; & je suis tout entier au Roi de Navarre.

ROBERT.

Vous haïssez Maillard, & son fils épouse votre fille ?

MARCEL.

J'ai dû tout promettre pour ne rien tenir. Maillard affecte de me nommer son ami pour m'enchaîner à son char; mais je saurai me choisir moi-même les fers que je voudrai porter. Je n'eus besoin de personne pour venger les Seigneurs que le Roi fit égorger à Rouen au milieu d'un festin, par la mort des Maréchaux de Champagne & de Normandie ; je n'aurai besoin de personne encore pour me souftraire à tel joug que ce soit, quand je le trouverai trop pesant à porter.

ROBERT.

Ainsi Marcel est toujours notre chef!

MARCEL.

Un doute plus long seroit un outrage ; mais le moment presse. Le Roi de Navarre m'attend ; rassemble nos amis & conduis-les chez moi, c'est là que nous prendrons nos dernières mesures pour assurer le succès de nos projets & de notre vengeance.

Fin du premier Acte.

ACTE II.

(*Le Théâtre représente un Appartement de l'Hôtel du Prévôt des Marchands. De chaque côté, est une porte qui conduit à deux Appartemens*).

SCÈNE PREMIÈRE.
GABRIELLE, RICHARD.

RICHARD.

ENFIN nous touchons au moment du bonheur! Charmante Gabrielle, vous l'avez vu, vous venez de l'entendre. Nos pères sont réunis; le vôtre est rentré en grace, & j'ai sa parole pour demain; Demain! combien cette journée va me paroître ennuyeuse & longue! Mais quel sombre nuage est répandu sur-tous vos traits; une inquiétude vive & secrète a chassé loin de vous cette joie pure & flateuse que vous avait inspirée la promesse de votre père & qui étoit pour moi l'aurore du bonheur!... Notre union cesseroit-elle d'en être un pour vous?.... Parlez, je serois malheureux si vous n'étiez pas heureuse.

GABRIELLE.

Je vous aime, Richard ; cet aveu répond à toutes vos craintes, & mes allarmes même en sont la plus forte preuve ; mais tout-à-l'heure à l'Hôtel de Ville, quand Maillard parloit pour mon père, quand le Dauphin touché de sa soumission le serroit dans ses bras, avez-vous remarqué son air contraint & embarrassé ?

RICHARD.

Non, dans cet auguste moment je n'ai vu que l'avant coureur de notre mariage, & l'amant radieux a fait disparoître le prudent politique.

GABRIELLE.

Eh bien, si la crainte de ne pas obtenir que l'on aime est une preuve d'amour; si cette crainte ne peut cesser qu'après que les sermens sacrés ont été prononcés, j'aime mieux que vous, Richard.

RICHARD.

Cela n'est pas possible.

GABRIELLE.

Tant mieux pour moi ! J'oserai dire plus ; tant mieux pour vous ! Mais étonnée du prompt changement de mon père, je l'ai soigneusement observé ! l'affectation complaisante qu'il a mise à me laisser près de vous pendant la séance du Dauphin, ne m'a paru qu'un prétexte d'être placé près de Robert. Ils se taisoient tous deux, mais quels discours pouvoient valoir leurs regards ? Je les ai suivis, j'ai interprété leur langage ; mon bonheur est de devenir la fille de Maillard, l'épouse de Richard, & je tremble de voir avant peu s'écrouler tout l'édifice de ma félicité.

RICHARD.

Vous soupçonneriez votre père ?....

GABRIELLE.

Je suis née sa fille & Françoise en même tems. Je le respecte, je le révère ; mais la France, mais mon pays a sur mon cœur des droits pour le moins aussi sacrés que les siens ; & s'il étoit possible qu'il ne fût qu'un ennemi de la Patrie, je pleurerois mon père, & tous mes vœux seroient pour elle.

RICHARD.

Plus votre belle âme se déploye, plus mon amour s'augmente ! & je ne puis que bénir vos craintes puisqu'elles me prouvent que dans une fidèle amante, une épouse adorée, je posséderai encore le modèle des Françoises.

GABRIELLE.

Voici mon père !

SCÈNE II.

Les Précédens, MARCEL.

MARCEL.

Déja de retour, Richard ?

RICHARD.

Oui, Marcel. J'ai cru que vous nous suiviez lorsque le Dauphin est sorti : & j'ai donné la main à Gabrielle, pour la remettre dans son appartement.

MARCEL.

Etes-vous arrivés depuis longtems ?

GABRIELLE.

Non mon père; & vous êtes rentré presqu'en même tems que nous.

RICHARD.

Je n'avois eu que le tems de peindre à votre fille l'excès de mon amour, & du bonheur qui m'attend, quand vous avez paru.

MARCEL.

Et cette salle est la seule dans laquelle vous soyez entrés?

GABRIELLE.

Oui, mon père; mais pourquoi toutes ces questions?

RICHARD.

Marcel, vous avez l'air inquiet, agité.

GABRIELLE.

Vous observez d'un sombre regard tout ce qui vous environne.

RICHARD.

Auriez-vous quelque nouveau sujet d'allarmes?

MARCEL.

Tu dois me connoître, Richard, je suis au-dessus de la crainte.

RICHARD.

En effet, quelle pourroit en être la cause? rentré dans la faveur du Dauphin....

MARCEL.

Ce n'est pas sur elle que je compte : j'ai trop fait contre la Cour pour ne lui pas être suspect; & je sais qu'il est de ces pardons politiques que l'on n'accorde qu'en attendant le moment d'une vengeance certaine.

DRAME NATIONAL.

GABRIELLE.
Ah ! mon père j'ai lu dans les yeux du Dauphin ; c'est le Prince généreux qui vous a embrassé, & non le courtisan.

MARCEL.
J'aime à le croire aussi ma fille. Richard, où est ton père à présent ?

RICHARD.
Il a dû accompagner le Prince aux États, & delà se rendre à son poste de la porte Saint-Jacques. Et vous, Marcel, en rentrant dans votre place de Prévôt des Marchands, quel poste choisissez-vous.

MARCEL.
Ton père a reçu des avis qui font craindre pour la porte St-Antoine, c'est le plus important à garder, & je me le réserve.

RICHARD.
Daignerez-vous m'accepter pour second ? Je veillerai sur les jours du père de Gabrielle.

MARCEL.
Non, va seconder ton père : plus âgé, plus foible que moi, il a plus besoin de ton secours. Demain nous nous reverrons, Richard.

RICHARD.
Ici, ou chez mon père ?

MARCEL.
Je te le ferai sçavoir. Allons, pars, sans adieu.

RICHARD.
Au revoir, ma chère Gabrielle. Je vous quitte ; mais c'est pour veiller à la sûreté du séjour qui renferme tout ce que j'adore.

PARIS SAUVÉ,

GABRIELLE.

Je ne crois pas que nous ayons quelque danger à redouter, mais s'il en survenoit quelqu'un, songez que je ne m'intéresse à l'amant, à l'époux, qu'autant qu'il montrera le courage & l'ame d'un brave homme & d'un bon François.

RICHARD.

Voilà mon oracle! L'Amour & l'Honneur sauront l'accompagner. (*Marcel reconduit Richard*).

SCÈNE III.

GABRIELLE, *seule*.

Je ne sais quel pressentiment fatal m'assiège & m'épouvante; mais, plus j'examine mon père, plus mes craintes & mes soupçons redoublent. Observons tout avec soin, & s'il médite encore de nouveaux attentats, osons l'empêcher de réussir; ce sera servir à la fois la nature, l'honneur, l'amour & la Patrie.

SCENE IV.

GABRIELLE. MARCEL.

MARCEL *rentrant, à part*.

Je suis sûr qu'il est sorti; maintenant je suis tranquille.

GABRIELLE.
Vous parlez seul, mon père.

MARCEL.
Mais toi-même, ma fille, tu me parois bien émue.

GABRIELLE.
C'est que votre air, vos regards, vos discours ne contribuent point à me rassurer.

MARCEL.
Tu as tort, je suis sans défiance & sans crainte.

GABRIELLE.
Eh bien ! mon père, voulez-vous que je sois de même ?

MARCEL.
Je fais tout pour cela, ma fille.

GABRIELLE.
Pardon, si j'ose vous donner un conseil ; mais dans la bouche de votre fille, ce conseil devient une prière.

MARCEL.
Parle ?

GABRIELLE.
Je vous prie de ne plus voir Robert ; c'est un homme dangereux ; lui seul vous égara. Vos erreurs sont de lui, vos vertus sont de vous.

MARCEL.
Tu le hais donc bien ?

GABRIELLE.
Et comment ne le haïrois-je pas ? Il a presque coûté l'honneur à mon père.

MARCEL.
Et Richard n'affoiblit pas cette haine ?

GABRIELLE.

Ah! mon père, loin de nous deux cet odieux parallèle; le nom seul de Robert suffit pour souiller la bouche la plus pure.

MARCEL.

Il suffit: tu seras satisfaite, & demain tu n'auras plus de comparaison à faire entr'eux. Rentre: j'ai d'importantes affaires qui demandent la plus grande tranquillité; je ne tarderai pas à t'aller rejoindre. (*On frappe trois coups à la porte*).

GABRIELLE.

Qui peut frapper ainsi?

MARCEL, *à part*.

A son signal j'ai reconnu Robert. (*haut*) Voici déjà quelqu'un, au revoir, ma fille. (*Il la reconduit jusqu'à son appartement.*)

SCENE V.

MARCEL, *seul*.

ELLE est rentrée dans son appartement; courons, & ne nous fions qu'à nous seul du soin d'introduire ici Robert, & de rendre la liberté au Roi de Navarre qui doit m'attendre avec la plus vive impatience.

DRAME NATIONAL. 31

SCÈNE VI.

GABRIELLE revient.

L'INQUIÉTUDE me ramène; l'air myſtérieux avec lequel on vient de frapper m'eſt ſuſpect. Sachons qui ce peut être, & ce que l'on veut à mon père? Mais comment? Comment? Ce cabinet ne m'offre-t-il point un aſyle ſûr & commode? Enfermons-nous-y! Puiſſé-je ne faire qu'une démarche inutile, & n'y rien entendre qui me force à rougir de mon père. (*Elle entre dans le Cabinet qui eſt à ſa droite*).

SCÈNE VII.

MARCEL. ROBERT.

ROBERT.

Nous ſommes ſeuls?

MARCEL.

Abſolument!

ROBERT.

Et Richard?

MARCEL.

Eſt allé rejoindre ſon père à ſon poſte.

ROBERT.

Ta fille?..

PARIS SAUVÉ,

MARCEL.

Est dans son appartement, dans l'endroit le plus reculé de cet Hôtel. Et nos amis, viennent-ils?

ROBERT.

Je les ai fait rester dans la Salle voisine.

MARCEL.

Sont-ils en grand nombre?

ROBERT.

Je ne t'amène que les Chefs, tous intrépides & déterminés. Leurs Soldats dispersés dans les différens quartiers de Paris n'attendent que ton ordre & leur signal pour marcher.

MARCEL.

Fais-les entrer. Moi, je vais prévenir le Roi de Navarre. (*Il entre dans le Cabinet à gauche*).

SCENE VIII.

ROBERT. CONJURÉS.

ROBERT.

VENEZ, mes amis; vous voilà dans l'Hôtel du Prévôt des Marchands! Vous n'avez rien à craindre; vous allez paroître devant le Roi de Navarre lui-même, apprendre de sa bouche combien il vous estime; & quelle récompense il réserve à votre courage & à vos services.

DRAME NATIONAL.

SCENE IX.

Les Précédens, MARCEL.

MARCEL.

Compagnons ! voici le jour de changer à votre gré le destin de la France. Assez longtems nous avons tremblé sous un Roi trop foible pour resister aux orages, & trop fougueux pour régner avec sagesse. Rappellez-vous toutes ses fureurs. A peine il montoit sur le Trône que le sang du Connétable *d'Eu* en arrosa les dégrés. Son crime est encore un mystère, mais sa mort est une terrible vérité. Rappellez-vous ce jour désastreux, ce jour épouvantable dont Rouen frémit encore, où, sur un simple soupçon & au milieu d'un festin dont lui-même ordonna les apprêts, il fit arrêter les Seigneurs de *Graville*, *Maubuet*, *Doublet* & ce même *Comte de Harcourt*, que *Philippe de Valois* reconquit à la France après le siège de Calais. Il les fait charger de chaînes, conduire à la mort, & a la barbarie d'être présent lui-même à cet horrible supplice. Qu'avons-nous à attendre d'un Roi si féroce ? de nouvelles horreurs si sa captivité pouvoit cesser. Du Dauphin ? des trahisons, des perfidies ; car le foible est toujours trompeur : notre unique espoir est dans le Roi de Navarre. Que pourra vous refuser un Roi qui vous devra sa Couronne ? Est-il un honneur, un

C

bienfait auxquels vous n'ayez droit de prétendre ? Et si le Roi revient, si le Dauphin met une fois le pied sur les marches du Trône, malgré son apparente douceur & sa feinte clémence, le premier acte de son pouvoir sera d'ordonner votre mort.

ROBERT.
Qu'il périsse plutôt mille fois lui-même !

MARCEL.
Nous ne saurions nous le dissimuler, nous en avons trop fait pour espérer un pardon sincère, & il ne seroit pas prudent de s'y fier. Nous sommes engagés trop avant pour reculer avec honneur, je dis même sans danger. Ce n'est que dans le succès de notre entreprise que nous pouvons trouver l'impunité des attentats que chacun de nous s'est permis ; & c'est par le plus hardi, le plus brillant qu'il faut les couronner tous. Jurez donc sur ce poignard que vous n'avez tous que la même pensée & que vous formez tous les mêmes vœux que Marcel ! jurez que vous combattrez jusqu'au dernier soupir pour le Roi de Navarre !

ROBERT, *étendant la main.*
Nous le jurons !

MARCEL.
Jurez enfin que s'il existoit parmi vous quelque traître, il sera sur le champ immolé par vos propres mains.

ROBERT.
Il périra de ce même poignard que je réserve à nos ennemis.

MARCEL.
Il suffit, je suis content ! Amis, j'ai vos sermens & vous pouvez à votre tour compter sur Marcel.

ROBERT.

Nous vaincrons avec vous, ou nous mourrons à vos côtés.

SCENE X.

Les Précédens, LE ROI DE NAVARRE. (*Il ouvre la porte, & paroît au milieu des Conjurés*).

MARCEL.

Venez, Seigneur, venez jouir du spectacle le plus doux! voyez ces braves gens! ils viennent de s'engager pour eux & leurs amis, de verser pour vous jusques à la dernière goutte de leur sang;& vous, compagnons, jouissez en ce moment du bonheur d'embrasser les premiers les genoux du Roi de Navarre, d'un Prince qui demain sera votre maître.

ROBERT.

Que le ciel hâte l'instant ou nous pourrons nous dire vos premiers sujets. (*Il tombe aux genoux du Roi qui le relève.*)

LE ROI DE NAVARRE.

Je ne verrai jamais en vous que mes amis.

MARCEL.

Mais, Seigneur, pardonnez un moment de défiance. Après vous, tous ces courageux Soldats n'espèrent qu'en moi. Ils ont embrassé votre parti parce que je l'ai embrassé moi-même; si leur espérance étoit trahie, c'est à moi seul qu'ils auroient droit de s'en plaindre.

LE ROI DE NAVARRE.

Parlez, Marcel, expliquez-vous.

MARCEL.

Tiendrez-vous avec fidélité toutes les promesses que vous m'avez faites pour eux ?

LE ROI DE NAVARRE.

Je vous en donne ma parole de Roi.

MARCEL.

Et le Roi de France n'oubliera pas les sermens du Roi de Navarre ?

LE ROI DE NAVARRE.

Jamais : dès-à-présent demandez, & tout vous sera accordé.

MARCEL.

Les honneurs, les dignités, les richesses ne me tentent point ; vous pouvez me les prodiguer ou en accabler un autre, je le verrai sans jalousie & sans murmure ; mais mon cœur est dévoré de tous les feux de la vengeance. Maillard, profitant de sa faveur, a eu l'insolence de s'asseoir à ma place ; par lui seul j'ai paru odieux & criminel ; lui seul m'a exposé au supplice d'entendre le mot de pardon frapper mon oreille. Pour prix de mes services, je vous demande sa tête, & je suis satisfait.

LE ROI DE NAVARRE.

Eh bien, je vous l'abandonne ; qu'il soit votre première victime.

ROBERT.

Je me fie aussi à la reconnoissance du Roi de Navarre ; mais Marcel sait que j'adore sa fille ; il me l'a promise. Cependant Richard, le fils de Maillard m'est préféré, & je ne puis être heureux que par sa mort. Je vous la demande pour ma première, & si vous l'exigez pour mon unique récompense.

LE ROI DE NAVARRE.

Robert est-il le gendre que vous avez choisi ?

MARCEL.

Oui, Seigneur.

LE ROI DE NAVARRE.

Eh bien, votre fille passera dans ses bras, sur la cendre du père & du fils qui vous seront immolés. Quant à vous mes amis, braves compagnons de ma fortune, servez-moi bien ; je ne respire qu'après le moment de récompenser dignement votre courage.

MARCEL.

Je vous réponds d'eux comme de moi-même, Seigneur ! Mais il est tems de vous retirer ; vous savez en quels lieux vous avez laissé votre armée, allez-vous mettre à sa tête, & soyez prêt à minuit sonnant.

LE ROI DE NAVARRE.

A minuit ! je compte sur votre parole ! Mes amis, je vous attends ; à minuit à la porte Saint-Antoine. J'amène & je fais avancer un train formidable d'Artillerie ; des chefs, dont je suis sûr, s'empareront des hauteurs & foudroieront la Ville.

MARCEL.

Et pour les éloigner du lieu principal de l'attaque, je ferai, par quelques amis, mettre le feu à différens édifices publics ; & pendant que le peuple s'y portera en foule pour l'éteindre, je vous livrerai mon poste, & Paris sera au Roi de Navarre.

PARIS SAUVÉ,
LE ROI DE NAVARRE.
Le plan est on ne peut mieux concerté, & je vous quitte certain du succès.
MARCEL.
Le Flamand, conduis le Prince, & ne le quitte que quand il sera en lieu de sûreté.

SCÈNE XI.

LES PRÉCÉDENS.

MARCEL.

MAINTENANT distribuons-nous nos postes. Toi Gors, tu te placeras derrière les murs du Bourg-l'Abbé, je ferai distribuer des armes à ceux qui en manquent. Toi Robert, tu demeures près du Châtelet, à onze heures brises-en les portes, arme tous les brigands qu'il renferme, & donne avec eux le signal du carnage. Anderson, tu feras mettre le feu aux Halles; l'Allier, aux Bibliothèques; Artaud & Félix, au Palais des Tournelles; & que ce soit à la lueur des flames, que le Roi de Navarre fasse son entrée triomphante dans Paris.
ROBERT.
Vive Marcel, vive le Prévôt des Marchands!
MARCEL.
Mais avant tout j'aurai fait tomber la tête de Maillard.
ROBERT.
Et moi celle de Richard.

MARCEL, *voyant entrer Richard.*
Richard ! Robert, le voilà !

SCÈNE XII.

LES PRÉCÉDENS, RICHARD.

RICHARD.

Marcel ! je vous annonce le Dauphin.
MARCEL.
Le Dauphin !
RICHARD.
Lui-même ; au sortir des États, & avant de rentrer au Palais des Tournelles, il a voulu s'arrêter chez vous. Ravi, enchanté de l'honneur qu'il vouloit vous faire, j'ai accouru vous en instruire, & je ne le devance que de quelques pas. Je l'entends, le voilà !

SCÈNE XIII.

LES PRÉCÉDENS, LE DAUPHIN.

MARCEL.

Quoi, mon Prince, vous daignez....
LE DAUPHIN.
Ce n'est pas le Dauphin, c'est l'ami qui vient vous voir. Tout-à-l'heure, à l'Hôtel de Ville, en-

vironné de trop de monde, je n'ai pu faire parler que le Prince ; mais, en ce moment, débarrassé du faste de la Cour, je viens avec vous me féliciter d'avoir pu regagner un homme tel que vous. Je me suis dérobé à ma Suite, & vous confirme à présent, dans l'intimité de la confiance, ce que vous auriez cru peut-être ne devoir qu'à la politique.

MARCEL.

Ah ! mon Prince ! je ne doutai jamais....

LE DAUPHIN.

Cependant Marcel, que veut dire cette assemblée ? Ces gens inconnus ! ce sont des Navarrois ?...

MARCEL.

Le Dauphin pourroit-il craindre ?

LE DAUPHIN.

Non, je vois avec eux le fils de Maillard, je ne crains plus rien.

RICHARD.

Cet éloge de mon Prince m'est bien glorieux & bien doux ; j'oserai cependant lui dire que je ne faisois qu'entrer quand il a paru.

LE DAUPHIN.

Que faisoient ici ces Étrangers ?

MARCEL.

Informés du pardon généreux que vous avez daigné m'accorder, & trop persuadés que je pourrois près de mon Prince leur en obtenir un pareil, ils venoient me conjurer d'implorer votre clémence pour des erreurs qu'ils ont partagées avec moi.

DRAME NATIONAL. 40

LE DAUPHIN.

Eh bien, qu'ils se repentent, & je leur fais grace!

RICHARD.

Que ce premier mouvement fait honneur au cœur de mon Prince ! Mais daignera-t-il m'excuser, si j'ose lui dire qu'un tel pardon me paroît dangereux.

LE DAUPHIN.

Dangereux ! & comment ?

RICHARD.

Ce sont des sujets du Roi de Navarre, de l'implacable ennemi de la France ; & tant qu'il lui restera dans Paris quelques intelligences, jamais le Trône ne sera à l'abri de ses attentats.

MARCEL, *se contraignant.*

Richard a raison : dans la fleur de l'âge il a toute la sagesse de son père.

LE DAUPHIN.

Je me rends à vos conseils réunis. Partez, malheureux, qui fûtes trop longtems de la France le théâtre de la révolte & de la sédition, retournez à votre Roi, dites-lui que désormais nous ne le craignons plus, Marcel & Maillard sont les amis de la Patrie. Portez loin de nos murs la honte & la confusion qui doivent être gravées sur le front des traîtres ; qu'à votre aspect impur, tout Citoyen ami de son pays éprouve un sentiment de défiance & de mépris. Errez de Villes en Villes, de Provinces en Provinces, & devenez la fable & la risée des Peuples même chez qui vous irez mendier un déshonorant asile.

MARCEL.

J'avois prévu votre réponse & leur arrêt, mon

PARIS SAUVE,

Prince, & d'avance je les avois envoyés dans les lieux qui seuls peuvent endurer leur présence. Vous avez entendu!... Sortez.

SCENE XIV.

Les Précédens.

Le Dauphin.

Maintenant je suis tranquille ; Marcel, pressez leur départ, c'est un soin dont je vous charge.

Marcel.

Avant le point du jour ils auront rejoint le Roi de Navarre.

Le Dauphin.

Je me repose sur vous. On m'attend. Marcel, suivez mes pas, j'ai à vous consulter sur un plan d'importance où vos sages conseils me sont indispensables. Vous, Richard, allez annoncer à votre père que nos ennemis vont purger ces lieux de leur odieuse présence.

Richard.

Je cours à l'instant accomplir les ordres de mon maître. (*Il sort.*)

Le Dauphin.

Venez, Marcel ! Qu'en me voyant seul avec vous, tous les François croient notre réconciliation aussi vraie que durable, & que nos Ennemis tremblent & rentrent dans le devoir,

SCENE XV.

GABRIELLE, *sortant du Cabinet.*

ILS sont partis!... Justes dieux!.. Dois-je croire ce que je viens d'entendre! J'en frémis encore d'horreur & d'épouvante! Quel abominable complot! quelle conjuration exécrable! & mon père! mon père lui-même, trompant la confiance du Prince le plus généreux, l'ami le plus magnanime, l'attente d'un peuple entier; mon père, parjure à tous les sermens de l'honneur & de la probité, est l'âme & le chef d'un parti de scélérats! & je n'en puis douter! O fille infortunée!.. Mais dans ce moment peut-être ils répandent le sang de Maillard! ils promènent en triomphe la tête sanglante de mon amant! courons, volons! révélons à Maillard ce projet homicide; le Ciel permettra qu'il en soit tems encore. Le Prince dans son juste courroux, peut-être eût fait conduire les traîtres au supplice; mais Maillard parlera encore pour son ami, il lui sauvera la vie, & pour première condition du service que je vais rendre à mon pays, je demanderai, j'obtiendrai la grace de mon père.

Fin du second Acte.

ACTE III.

(Le Théâtre représente la Porte St-Antoine).

SCENE PREMIERE.
MARCEL, *seul*.

Onze heures viennent de sonner ! amis, gardez bien vos postes, & observez le plus profond silence. Encore une heure & Paris est à nous ! Plongés dans le sommeil, & livrés à une sécurité trompeuse, les Parisiens ne pensent pas que cette nuit sera pour eux une nuit éternelle ! combien cette idée ajoute à mon impatience !.. Maillard ! insolent, orgueilleux Maillard, je vais donc être vengé de toi !... Vante-nous maintenant ta prudente vigilance, ta défiance active, ta pénétration que rien ne peut tromper ; tu dors peut-être à ton poste, & de celui-ci, dont ta crédule imprudence m'a laissé le maître, la mort s'avance à grands pas vers toi. Voilà comme tu défends, comme tu protéges Paris & ses Citoyens ! Ouvrons toujours les portes, & que le Roi de Navarre entre sans obstacle, quand l'heure marquée sonnera !... Maintenant Maillard lui-même sauroit notre complot qu'il ne pourroit en empêcher le succès ; avant qu'il put arriver, le Roi de Navarre seroit dans le centre de Paris !....
On approche.

SCENE II.
MARCEL, MAILLARD.

MARCEL.

Qui vive?

MAILLARD.

Maillard!

MARCEL.

Maillard?

MAILLARD.

Moi-même!

MARCEL.

Eh pourquoi quittes-tu ton poste?

MAILLARD.

Parce qu'un traître occupe le tien!

MARCEL.

Quel est ce traître?

MAILLARD.

Toi.

MARCEL.

Moi!

MAILLARD.

Toi-même!

MARCEL.

On t'a trompé.

MAILLARD.

Non, je sais tout. J'ai cru ce matin embrasser un ami ! en me pressant dans tes bras, en me serrant la main, en me donnant ta parole d'honneur, tu me trompois! J'ai cru demander & obtenir grace pour un sujet repentant & devenu fidèle, aux genoux du Dauphin tu tramois sa ruine & celle de ton pays.

MARCEL.

Tu peux croire....

MAILLARD.

Ne t'abaisse plus à feindre, c'est une lâcheté de plus! Je connois ton complot, & tes chefs subalternes sont déjà dans les chaînes en attendant le supplice des traîtres. A minuit tu dois livrer cette porte au Roi de Navarre. Ton digne compagnon c'est Robert, à qui tu as promis la main de ta fille, & la tête de mon fils ; ce même Robert devoit forcer les portes du Châtelet, & armer les brigands qu'il contient ; Gors devoit s'emparer du Bourg-l'Abbé ; Anderson mettre le feu aux Halles ; l'Allier aux Bibliothèques ; Artauld & Félix au Palais des Tournelles. Par ces détails principaux tu dois croire que le reste ne m'est point caché! Mais le Génie tutélaire, le Génie protecteur de la France n'a point permis que le crime fût consommé ; & je rends grace au ciel de ce qu'il m'a choisi pour être le sauveur de mon pays.

MARCEL.

Quoi, sur des rapports peut-être infidèles!...

MAILLARD.

N'espère plus me tromper, on a tout entendu.

MARCEL.

Cela est faux.

MAILLARD.

Cette hache devroit punir ton mensonge. Déments donc, dements... Ta propre fille, ce vertueux enfant du plus perfide & du plus criminel de tous les pères ; paroissez Gabrielle ! & ne craignez rien.

SCENE III.

LES PRÉCÉDENS, GABRIELLE.

MARCEL.

Ma fille !

GABRIELLE.

Mon père !

MAILLARD.

N'approchez pas de lui ! Un traître à sa Patrie pourroit bien être un père dénaturé ; & après avoir voulu se baigner dans le sang de ses concitoyens, il pourroit bien verser sans remords celui de sa fille.

GABRIELLE.

Mon père ! vous détournez votre vue de moi. Ah ! de grace pardonnez-moi de vous avoir épargné le plus horrible des forfaits. En trahissant votre épouvantable secret, Maillard le sait bien, pour première condition j'avois obtenu la vie de mon père.

MAILLARD.

Oui, c'est à ses larmes seules, à sa vertu que tu dois le jour. J'ai instruit le Dauphin du complot ; je lui en ai nommé les chefs, mais je lui ai caché ton nom : c'est la seule grace que tu puisses attendre. Ce Prince va venir, évite sa préfence : c'eſt le dernier conſeil que ma pitié pour un perfide puiſſe lui donner.

MARCEL.

Ta pitié !... Je la mépriſe autant que ta haine ou ton amitié.

MAILLARD.

Ne replique plus ! un moment de plus va rendre ta fille témoin de ton ſupplice. Pars : je peux, je conſens à t'ouvrir les portes !... Mais elles le ſont déjà !... Et tu n'attendois pas le Roi de Navarre !.. Et tu ne trahiſſois pas le ſang de tes Rois & la Capitale de la France !.. N'en aurois-je que cette dernière preuve, elle ſuffiroit pour t'envoyer à l'échafaud.

MARCEL.

Eh bien oui, je pars ; mais crains mon retour !

MAILLARD.

Reviens honnête homme, c'eſt le ſeul moyen de me ſurprendre !

MARCEL.

Et vous, fille ingrate & parricide ſuivez mes pas ou craignez ma colère & ma vengeance.

MAILLARD.

Non, je lui défends de t'obéir ! Elle n'eſt plus à toi, elle eſt à la France qu'elle vient de ſauver. C'eſt elle déſormais qui doit lui tenir lieu d'un père qui ne mérite plus d'en porter le nom.

MARCEL.

Tant d'outrages ne reſteront pas impunis ; & puiſque ma fille même ſe range du côté de mes ennemis, des meurtriers qui m'attendent, je cours à la vengeance, & ſi je trouve la mort,

c'eſt

c'est sur elle que retombera tout le sang de son père. (*Il sort par les portes de la Ville.*)

SCENE IV.

MAILLARD, GABRIELLE

GABRIELLE.

Ah! Maillard! vous l'avez entendu! il a maudit sa fille!

MAILLARD.

Calmez-vous : le ciel repousse la malédiction d'un père qui trahit son pays, & la voix de votre innocence y parviendra avant ses injustes imprécations. Mais entendez-vous ? A la lueur des clartés dont les rues sont remplies, je vois arriver mon fils à la tête de fidèles Soldats.

SCÈNE V.

LES PRÉCÉDENS, RICHARD.

MAILLARD.

Viens, mon fils, viens! nous n'avons plus à craindre au-dedans des murs ; c'est des attaques du dehors qu'il faut maintenant nous défendre avec vigueur.

GABRIELLE.

Quoi, Maillard, vous croyez que mon père va revenir....

MAILLARD.

Il ôsera tout! Furieux de se voir démasqué, il va joindre le Roi de Navarre, & croyant que nous n'aurons pas eu le tems de nous préparer à la défense, il reviendra avant l'heure qui dut lui servir de signal.

GABRIELLE.

Que mon père me rend malheureuse!

RICHARD.

Consolez-vous, ma chère Gabrielle, le mien vous reste, il nous en servira à tous deux.

MAILLARD.

Je vous le promets; mais nous sommes encore en danger... Richard, ferme les portes.

RICHARD.

J'obéis.

MAILLARD, aux Soldats.

Vous, mes amis, suivez-moi! Visitons & relevons tous les postes qui nous sont suspects. Toi, Richard, attends-moi ici : je vole & je reviens.

SCENE VI.

RICHARD. GABRIELLE.

GABRIELLE.

Quel affreux moment se prépare! L'Ennemi s'avance, & mon père le conduit! Et je ne serai pas à ses côtés pour le défendre !... J'aurois dû suivre ses pas, partager sa bonne ou sa mauvaise fortune, vivre ou mourir avec lui, votre père m'a retenue.

RICHARD.

Il a bien fait. Quoi, ma vertueuse amie ! Vous auriez pu vous résoudre à vous mêler parmi des traîtres ; vous auriez pu former des vœux pour ceux à qui on avoit promis la ruine de Paris, la tête de mon père & la mienne !

GABRIELLE.

Quelle épouvantable image ! Non ! A côté de mon père, tous mes vœux auroient été pour le salut de la France ! Mais peut-être mes prières & mes larmes auroient fléchi son cœur, je vous l'aurois ramené vertueux comme votre père, & vous, alors, libre de toutes craintes, on m'auroit vue partager vos dangers ; & enflammée par votre courage, vous aider à sauver Paris, ou mourir avec vous sur ses débris.

RICHARD.

Vous avez fait votre devoir, ne vous reprochez rien. La nature en vous a cédé à l'amour sacré de la Patrie, c'est l'héroïsme d'une Françoise, & vous êtes célèbre à jamais. A côté du nom d'un Prévôt-des-Marchands traître à son Pays, on verra celui de sa fille qui l'aura sauvé ; & votre gloire, par son éclat, effacera le crime de votre père. On lui pardonnera une faute qui aura donné à la France une Héroïne de plus, & un grand modèle à imiter, même aux plus vertueux patriotes.

GABRIELLE.

Vous me consolez, Richard, mais vous ne me persuadez point.

RICHARD.

Et comptez vous pour rien de m'avoir confervé le plus tendre & le plus révéré des pères ?

GABRIELLE.

J'ai vu d'abord le danger de la France, ce n'eſt qu'après que j'ai penſé au père de Richard.

RICHARD.

Et moi-même, ſi je reſpire encore pour vous adorer, c'eſt à vous que je le dois.

GABRIELLE.

Si je n'avois eu à craindre que pour mon père ou mon amant, ſans doute je ſerois morte de douleur après vous; mais je n'aurois point balancé à ſauver mon père.

RICHARD.

Quoi, ni la gloire, ni l'amour, ni la certitude d'avoir fait votre devoir ne peut vous raſſurer.

GABRIELLE.

Marcel eſt avec le Roi de Navarre, ſa fille eſt dans Paris, & je ſens que ma place étoit marquée à ſes côtés.

RICHARD.

C'eſt pouſſer trop loin le ſcrupule de la vertu... Mais on s'approche.

SCENE VII.
Les Précédens, MAILLARD.
MAILLARD.

Amis, voilà encore une Troupe vendue au Roi de Navarre ! Ce sont des traîtres, je les ai fait charger de chaînes ; qu'ils soient plongés dans un cachot, & revenez promptement partager nos dangers & notre gloire. (*On les emmène*).

RICHARD.
Mon père, voici le Dauphin.

MAILLARD.
J'étois bien sûr qu'il ne tarderoit pas à venir nous guider au combat. Allons, compagnons, c'est pour sauver Paris que vous allez marcher à l'Ennemi ! Qui de vous ne seroit pas vaillant, quand l'héritier du Trône se montre comme le premier Citoyen ! le voilà !

SCENE VIII.
Les Précédents, LE DAUPHIN. *Troupe de Soldats.*

LE DAUPHIN.

Eh bien ! Maillard, qu'avez-vous à m'apprendre ? Je vous amène tous les Seigneurs de la Cour que le bruit de notre danger a fait soudain se rassembler autour de moi. Vous voyez aussi cette Troupe de bons Citoyens, de braves Soldats. Ils sont tous prêts à bien faire, & je vais leur servir de modèle.

MAILLARD.

De ce moment, la victoire est à nous. Sous les yeux de son maître, chaque soldat François est un héros, & devient invincible.

LE DAUPHIN.

Je ne demande point à Maillard si tout est prêt pour la défense.

MAILLARD.

Je viens de visiter tous les postes qui sont menacés ; ils sont gardés par de braves gens dont je réponds. Un seul étoit occupé par des Navarrois, je les ai fait mettre dans les fers, & remplacer par mes amis.

LE DAUPHIN.

Ah! Maillard! Que ne vous dois-je pas?

MAILLARD.

Mon Prince, c'est après la victoire que vous pourrez m'honorer de vos éloges, si vous croyez en devoir à un Citoyen qui n'aura fait que ce qu'il devoit faire.

LE DAUPHIN.

Mais pourquoi, parmi nos chefs, ne vois-je pas Marcel?.. Vous ne répondez rien!.. Maillard détourne la vue!.. Son fils tient les yeux baissés!.. La fille de Marcel à mes genoux!... Que veut dire un si morne spectacle?

GABRIELLE.

Ah! mon Prince, à mes larmes vous devez deviner l'affreuse vérité.

DRAME NATIONAL. 55
LE DAUPHIN.
Marcel est perfide une dernière fois !
MAILLARD.
Mais, mon Prince, daignez vous souvenir que c'est à sa fille que vous devez le salut de l'État, le vôtre & celui de tous les François ! Quel crime ne doit point effacer une action si généreuse !
LE DAUPHIN.
Relevez-vous, Citoyenne magnanime ! Quelque soit dans peu mon destin, je vous accorde pour jamais ma protection & mon estime... En quels lieux Marcel a-t-il porté ses pas ?
MAILLARD.
Hors des murs, où je ne doute pas qu'il n'ait été se ranger sous les Drapeaux du Roi de Navarre.
LE DAUPHIN.
C'est donc un Ennemi de plus.
MAILLARD.
Et qui ne sera pas difficile à soumettre. Tout homme qui combat contre son Pays, sent l'aiguillon du remords, & déjà son bras est à demi vaincu.
LE DAUPHIN.
Je le crois comme vous, Maillard.... Mais... Ecoutons.... N'entends-je pas un bruit sourd d'hommes armés qui s'avancent ?
MAILLARD.
Oui, mon Prince ; c'est sûrement le Roi de Navarre !
LE DAUPHIN.
Aux armes, François ; c'est pour vos foyers que vous allez combatre : suivez mon exemple & la victoire est à vous. Garnissez les remparts, observez

le plus profond silence, & que personne n'abandonne son poste qu'avec la vie ! Marchons !

GABRIELLE.

Ah ! Maillard ! Et vous, Richard ! Si vous m'aimez, tâchez de découvrir l'endroit où combattra mon père ; veillez, s'il se peut, sur ses jours, & du moins gardez-vous bien de tremper vos mains dans son sang.

RICHARD.

Vous pouvez compter sur moi.

(*Le Dauphin, en silence, fait mettre chacun à son poste. La musique exécute avec des sourdines l'air sur lequel les Soldats se rangent en bataille. Pendant ce tems, Gabrielle restée sur le devant, se livre à tous les mouvemens de crainte, de douleur, qui se succèdent rapidement dans son ame*).

SCENE IX.

GABRIELLE, *seule*.

Le fort en est jetté ! Le sang va couler, & c'est par les crimes de mon père ! — Le bruit augmente ! Il s'approche ! — J'entends déjà le cliquetis affreux des armes ! — Le son des instrumens guerriers a porté dans mon cœur l'épouvante & la mort ! — A peine je respire ! — Les forces m'abandonnent !

LE DAUPHIN *sur les remparts*.

Amis ! Vous êtes François ! Je suis le fils de votre Roi, voilà l'Ennemi ! Donnons.

DRAME NATIONAL.

GABRIELLE.

Ciel ! Sauve les jours de mon père, jusqu'à ce qu'il ait réparé les crimes de sa vie.

(*Le Roi de Navarre arrive sous les murs, y fait planter les échelles & donner l'assaut. L'attaque est terrible, la défense vigoureuse ; les Navarrois parviennent au sommet des Remparts, & sur la Plateforme se livrent différens Combats singuliers où les Navarrois sont vaincus & précipités du haut des murs. Enfin leur déroute est générale*).

LE DAUPHIN *sur les Remparts.*

François ! La victoire est à vous, les Navarrois cèdent à votre courage. Poursuivons les fuyards ; & qu'il n'en reste, s'il se peut, pas un seul pour porter dans leur patrie la nouvelle de leur défaite.

GABRIELLE.

Grace au Ciel, je respire ! La France est sauvée ! Pourquoi faut-il que, dans l'allégresse publique, j'aie moi seule à pleurer l'honneur & la gloire de mon père !

LE DAUPHIN *descendu des Remparts.*

Ouvrez les portes, & suivez-moi !

MAILLARD.

Ah ! mon Prince ! Vous avez assez exposé votre vie : le Héros a paru dans le poste d'honneur. Poursuivre les vaincus, c'est notre emploi. Dans l'épaisseur des ténèbres, un coup malheureux peut vous frapper au hasard, & votre mort resteroit sans vengeance ! Vivez pour les François dont vous êtes l'espérance & l'honneur. Ils vont achever de vaincre pour vous, qui êtes déjà leur père & leur amour. Toi, Richard, reste auprès du Prince, crainte de surprise ; & nous, amis, volons sur les traces des Navarrois.

GABRIELLE.
Maillard ! Maillard ! Epargnez mon père !
MAILLARD.
J'y consens, par respect pour sa fille.

SCENE X.

LE DAUPHIN. GABRIELLE. RICHARD.
Suite.

LE DAUPHIN.
Richard, vous venez de combattre à mes côtés ; j'ai été témoin de votre courage, croyez qu'il ne sera pas sans récompense.
RICHARD *montrant Gabrielle.*
Ah ! mon Prince ! Puisque vous daignez m'en promettre une, voilà la plus douce que je puisse obtenir !
LE DAUPHIN.
De ce moment je vous la donne ; & je veux que toute la pompe de la Couronne embellisse l'hyménée de la généreuse Citoyenne qui l'a conservée à son Roi.
GABRIELLE.
Tant d'honneur est bien flatteur, sans doute ; mais oserois-je vous demander une grace encore plus intéressante.

DRAME NATIONAL. 59
LE DAUPHIN.
Je n'ai rien à vous refuser, expliquez-vous.
GABRIELLE.
Marcel va peut être, comme prisonnier, être ramené à vos genoux : sujet infidèle, il mérite la mort ; mais si vous l'ordonnez, c'est moi qui l'assassine ! J'ai livré son secret, & c'est la main de la fille, qui, par votre arrêt, va verser le sang du père.
LE DAUPHIN.
Plus de crainte ! Vous me l'avez rendu respectable & sacré. Votre père vivra, & vos vertus le rendront à sa Patrie & à son devoir.

SCENE XI.

LES PRÉCÉDENS, MAILLARD.

MAILLARD.

PARIS est sauvé ! Voilà son unique ennemi ! C'est mon Prisonnier ! Qu'il devienne celui de l'État, & que le bonheur & la tranquillité publique soient sa rançon !
LE DAUPHIN.
Le Roi de Navarre !
MAILLARD.
Lui-même ! Et je m'applaudis doublement de ma victoire ! Je l'ai saisi le poignard levé sur le sein de votre père.

GABRIELLE.

Oh ciel! Vous, Seigneur! Quoi, sans Maillard, vous alliez l'égorger.

LE ROI DE NAVARRE.

La mort & la honte sont la récompense que l'on doit aux traîtres; & mon unique regret est de n'avoir pu l'immoler! Marcel m'eut couronné, son corps eut été le premier dégré de mon Trône; il n'a pu me servir, je devois venger la cause des Rois.

LE DAUPHIN.

Prince ingrat & perfide, il vous sied bien de parler d'un titre que vous deshonorez. L'Univers entier retentit du bruit de vos trahisons; & si la personne des Rois n'étoit pas inviolable & sacrée, comme vous avez séduit Marcel, vous subiriez le supplice qui devroit être le sien; mais n'esperez pas jouir toujours d'une injuste & fatale impunité. Il est une justice éternelle, aux yeux de qui les Rois ne sont que des hommes, & qui les pèse dans la même balance. C'est à cette justice que j'abandonne votre châtiment. Un jour viendra, n'en doutez point, où, pour venger le monde entier, dont vous vous faites pendant votre vie un jouet indécent & continuel, son bras s'armera d'une manière épouvantable & terrible. Tous vos parjures, tous vos complots, indignes de la majesté du Trône, crieront au Ciel contre vous; & la mort la plus horrible emploiera, pour vous frapper, la main même des objets que vous choisirez pour renouveller la coupe impure des voluptés que vous aurez épuisées dans leurs bras. Cependant le Roi, mon père, revient bientôt. Vous serez respecté, par rapport à votre rang, jusqu'à son retour; mais vous l'attendrez dans les fers, & lui seul sera l'arbitre de votre destinée. Gardes ; conduisez le Roi de Navarre au Palais des Tournelles; sur votre tête vous me répondrez de sa personne.

SCENE XII, & dernière.

LES PRÉCÉDENTS.

LE DAUPHIN.

Venez, Maillard ! Des Citoyens comme vous ne peuvent jamais être trop près de leurs Princes!

MAILLARD.

Ah ! mon Prince ! A vos genoux....

LE DAUPHIN.

Dans mes bras, sur mon cœur ! Voilà votre place pour la vie ! Richard, & vous Gabrielle, je me souviens de ma parole.

GABRIELLE.

Maillard ! Je ne vois point mon père !

LE DAUPHIN.

Donnez-lui le tems de me connoître & de m'apprécier; & de lui-même il reviendra dans vos bras! En attendant, que votre mariage avec le fils de Maillard soit pour lui le signal d'une entière amnistie, &, pour la France, le gage de la paix & du bonheur.

FIN.

Contraste insuffisant

NF Z 43-120-14

www.ingramcontent.com/pod-product-compliance
Lightning Source LLC
LaVergne TN
LVHW050618090426
835512LV00008B/1546